Tchou! tchou! tchou!

Nathalie Bertrand

Illustrations : Pascale Constantin

Directrice de collection : Denise Gaouette

Éditrice
Johanne Tremblay

Réviseure linguistique
Nicole Côté

Directrice artistique
Hélène Cousineau

Couverture
Isabel Lafleur

**Conception graphique
et édition électronique**
Isabel Lafleur

© ÉDITIONS DU RENOUVEAU PÉDAGOGIQUE INC., 2008
Tous droits réservés.

 On ne peut reproduire aucun extrait de ce livre sous quelque forme ou par quelque procédé que ce soit — sur machine électronique, mécanique, à photocopier ou à enregistrer, ou autrement — sans avoir obtenu, au préalable, la permission écrite des ÉDITIONS DU RENOUVEAU PÉDAGOGIQUE INC.

Dépôt légal – Bibliothèque et Archives nationales du Québec, 2008
Dépôt légal – Bibliothèque et Archives Canada, 2008

Imprimé au Canada   1234567890 EMP 098
                        11401 ABCD   PSM16

Catalogage avant publication de Bibliothèque et Archives nationales du Québec et Bibliothèque et Archives Canada

Bertrand, Nathalie
   Tchou ! tchou ! tchou !
   (MINI Rat de bibliothèque ; 9)
   Pour enfants de 4 à 6 ans.

   ISBN 978-2-7613-2386-4

   I. Constantin, Pascale. II. Titre.
   III. Collection : MINI Rat de bibliothèque (Saint-Laurent, Québec).

PS8603.E766T32 2008   jC843'.6   C2007-942008-7
PS9603.E766T32 2008

C'est la fête des amis.
Où vont les amis ?

Le cochon est dans le train.

Où va le train ?

Le lapin est dans l'avion.

Où va l'avion ?

Le mouton est dans le bateau.

Où va le bateau ?

Le chien est dans le camion.

Où va le camion ?

Le chat est dans l'auto.

Où va l'auto ?

La vache est sur le vélo.

Où va le vélo?

Les amis vont chez Pépé,
le marchand de crème glacée.
Tchou! tchou! tchou!